AF242304

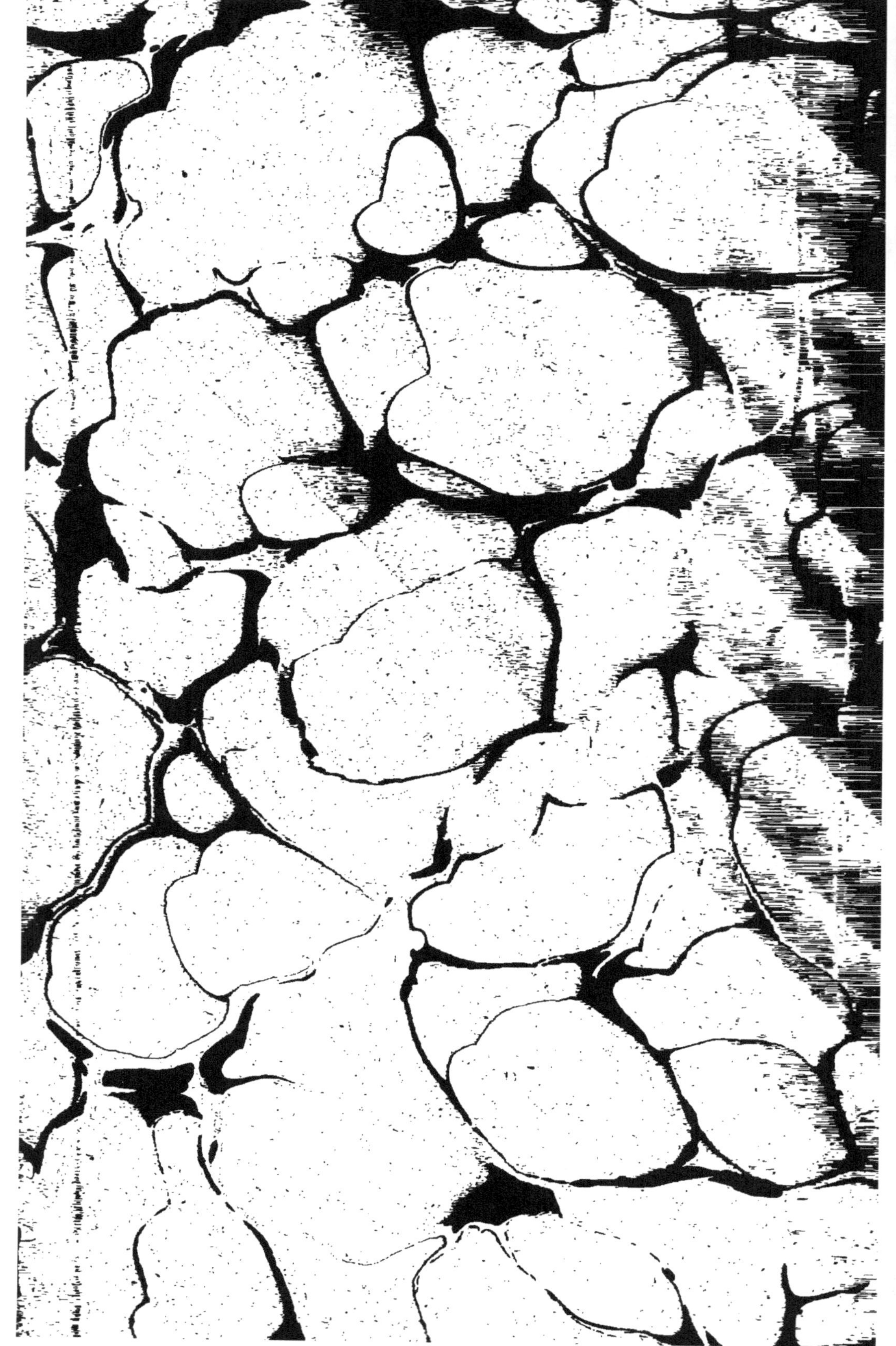

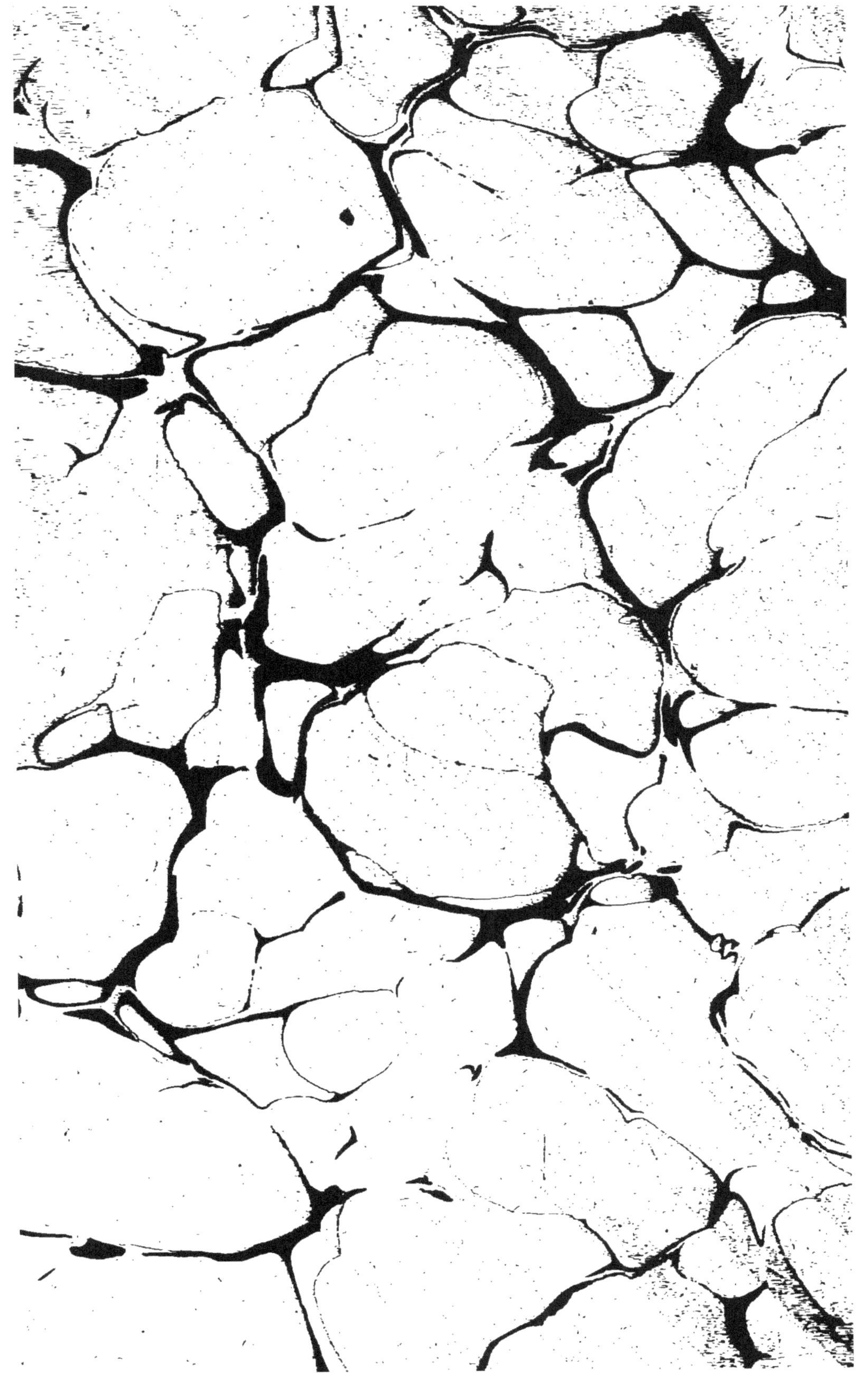

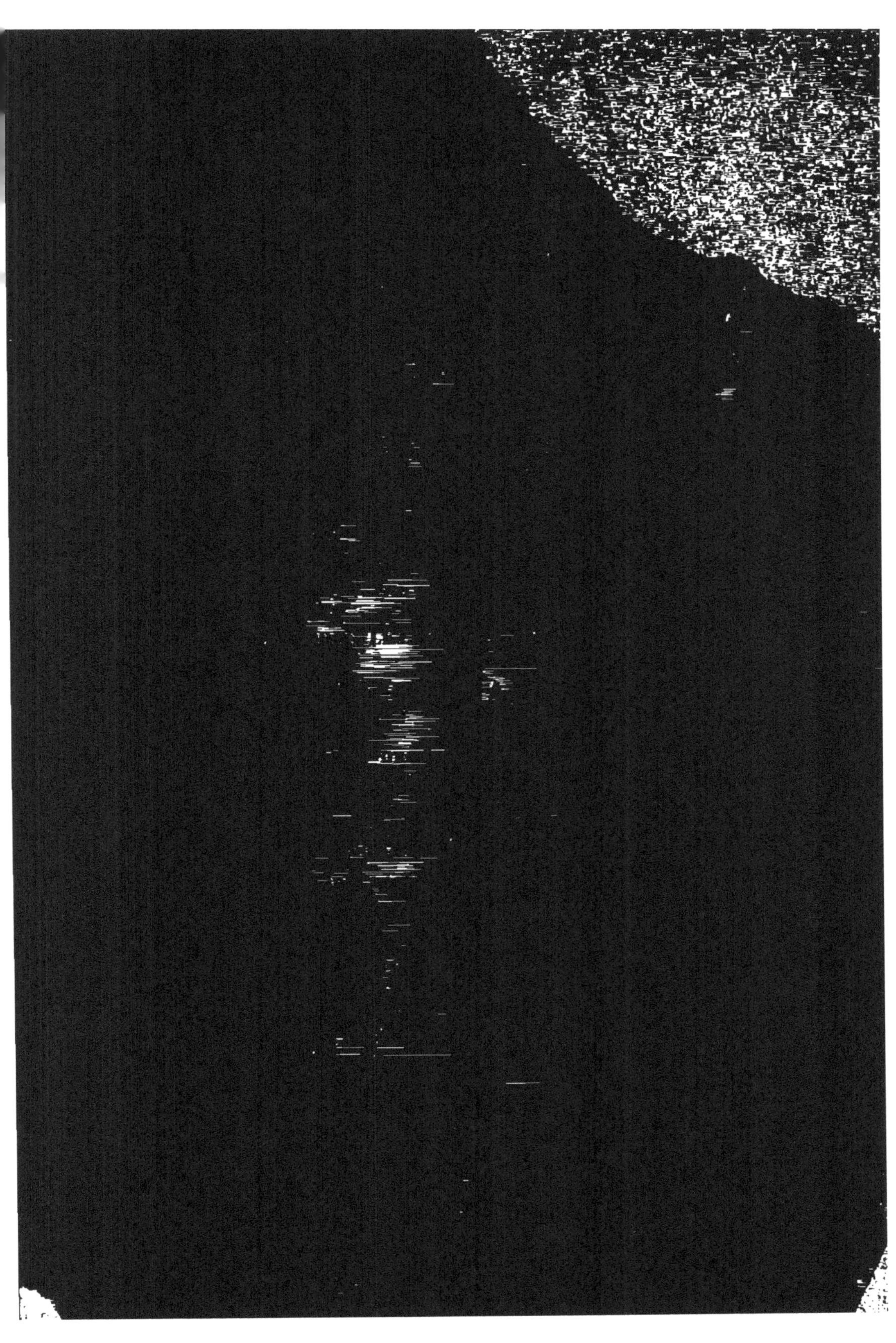

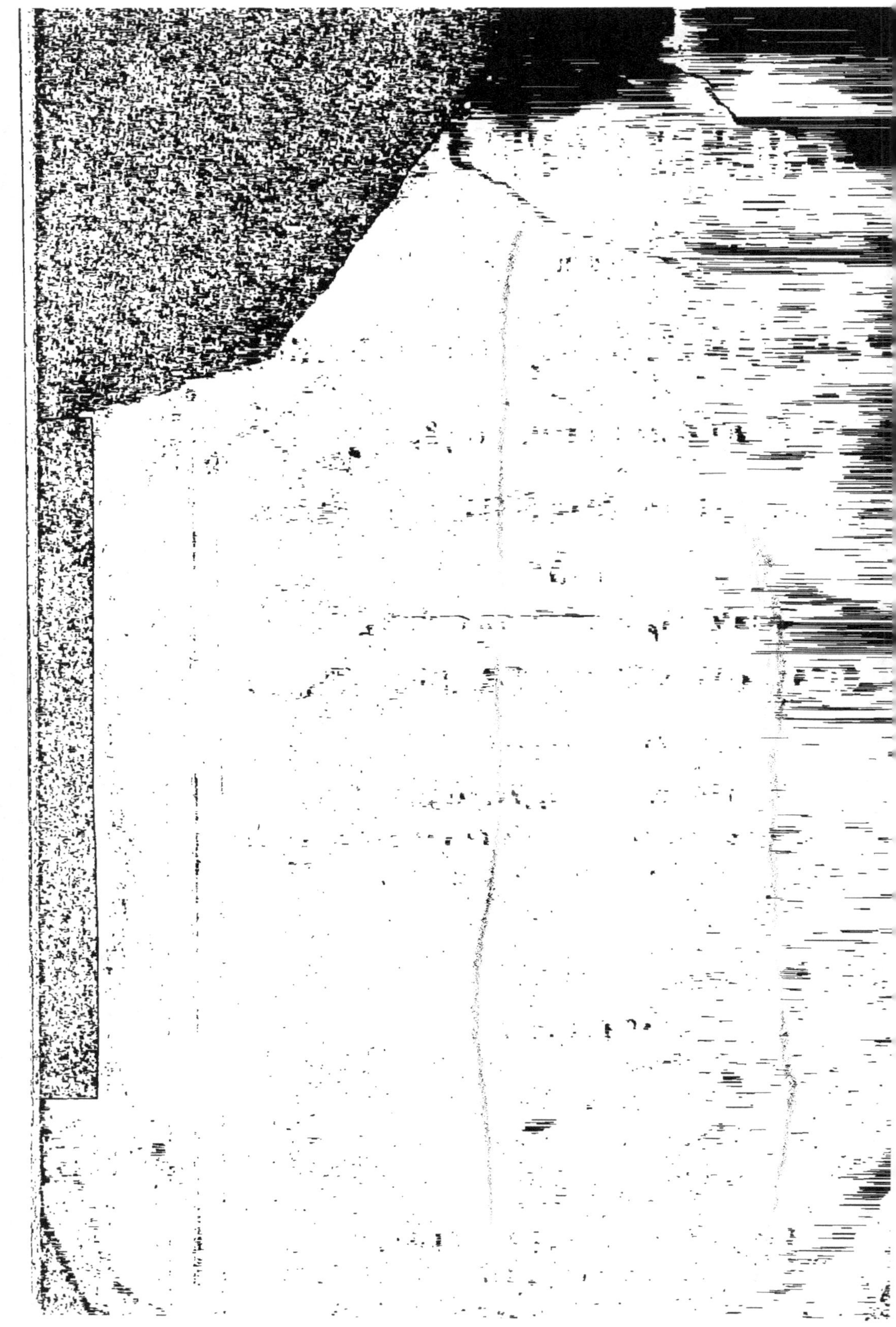

COMMENTAIRE

SUR L'ORDONNANCE

DU COMMERCE,

DU MOIS DE MARS 1673.

COMMENTAIRE

SUR

L'ORDONNANCE DU COMMERCE,

DU MOIS DE MARS 1673,

PAR JOUSSE,

SUIVI

DE L'ART DES LETTRES DE CHANGE,

PAR DUPUY DE LA SERRA,

AVEC DES NOTES

PAR V. BÉCANE, AVOCAT,

PROFESSEUR DU CODE DE COMMERCE A LA FACULTÉ DE DROIT
DE POITIERS.

2ᵉ ÉDITION.

PARIS,

CHEZ JOUBERT, LIBRAIRE,

RUE DES GRÈS, 14.

—

1841

PRÉFACE.

Le chancelier de l'Hospital est le premier législa-teur français qui ait doté le commerce d'une institution, dont trois siècles d'expérience ont démontré la profonde sagesse ; personne n'ignore que l'on doit à ce magistrat illustre, l'édit mémorable de 1563, qui organise la juridiction commerciale sur des bases si habillement combinées, que loin d'avoir jamais nécessité aucune innovation, le meilleur parti pour applanir encore les difficultés qui se présentent sans cesse est d'y revenir toujours.

La création d'une juridiction spéciale pour le commerce fut un trait de génie; mais il restait encore une tâche difficile et laborieuse pour accomplir l'œuvre si bien commencée : il fallait tracer pour ces juridictions nouvelles un ensemble de règles dont la simplicité fut en harmonie avec leur institution : les juges du commerce ayant toujours été électifs et temporaires sans être assujettis aux garanties d'étude

1

exigées des juges ordinaires, c'était une nécessité que la législation qu'ils devaient appliquer présentât dans son texte des dispositions dont la lettre et l'esprit pussent être saisis par le seul secours que peut donner au juge commerçant une longue pratique du négoce et de ses opérations.

Colbert, capable d'apprécier la belle institution dont l'Hospital avait posé les fondemens, en étendit le bienfait à tout le royaume par l'art. 1er, tit. 12 de l'ordonnance de 1673., ainsi conçu : « Déclarons communs pour tous les siéges des juges et consuls, l'édit de leur établissement dans notre bonne ville de Paris, du mois de novembre 1563.

Mais Colbert ne se borna pas à la juridiction commerciale, et voulant donner aux tribunaux de commerce un ensemble de règles propres à les guider dans les contestations dont on leur confiait le jugement, il fit rédiger l'ordonnance de 1673, généralement connue sous le nom de Code Marchand ; elle est sans contredit une des plus belles du siècle de Louis XIV, quoiqu'elle ait été si prodigieusement surpassée par l'ordonnance de 1681, pour la marine, universellement reconnue par l'Europe entière, comme le chef-d'œuvre législatif du grand siècle, et peut-être de tous les siècles, en ce qui concerne le droit maritime.

Le commerce français a été régi par les ordonnances de 1673 et de 1681, jusqu'à la promulgation du Code de Commerce, et sans aucun doute, l'importance des textes anciens aurait beaucoup diminué par cette promulgation, si le législateur moderne, procédant en cette matière comme sur beaucoup d'autres, eut remplacé par des dispositions nouvelles les règles consacrées dans les ord. de 1673 et 1681 ; mais il en a été tout autrement ; les discussions qui ont précédé le Code de Commerce et la simple juxtaposition des textes, apprennent que les rédacteurs du Code frappés du mérite supérieur des ordonnances, se sont bornés à les copier textuellement ; d'où résulte le grand avantage de pouvoir utiliser, pour l'intelligence du Code actuel, la jurisprudence et les écrits des jurisconsultes qui avaient interprêtés et commentés notre ancien droit commercial.

Le Code de Commerce est divisé en quatre parties ; le livre 1er est intitulé : du Commerce en général ; — le 2e du Commerce maritime ; — le 3e des Faillites ; — le 4e de la Juridiction commerciale.

Les règles consacrées dans les livres 1, 3 et 4, ont été puisées pour la plus grande partie, sauf ce qui est relatif aux faillites, dans l'ordonnance du commerce de 1673 Pour ce qui concerne le droit maritime, matière vaste et spéciale qui n'a que des rapports assez éloignés avec le sujet des livres 1, 2 et 4, les législateurs modernes se sont bornés à copier, sur cette partie si difficile, avec encore plus d'exactitude que sur les autres, toutes les dispositions renfermées dans l'ordonnance de 1681, pour la marine.

L'ordonnance de 1673, pour le commerce se compose de 12 titres, et il n'en est aucun qui n'ait fourni aux rédacteurs du Code, des règles plus ou moins importantes : mais il faut reconnaître, qu'en ce qui concerne les faillites, le titre 11 consacré à cette matière si compliquée présentait un laconisme affligeant, et 13 articles ne pouvaient suffire pour régler les intérêts si nombreux qu'une faillite ou banqueroute mettent en présence. C'est là ce qui décida principalement à rédiger le Code de Commerce, car sur tous les autres points les législateurs reconnurent en fait par la copie qu'ils en firent, que les anciennes lois étaient suffisantes : mais pour les faillites il fallut créer, et il ne paraît pas que cette création nouvelle ait été heureuse, puis qu'après trente ans d'existence, il a fallu refondre la partie des faillites, par la loi de 1838, qui remplace le livre 3 de l'ancien Code de Commerce.

Le livre 1er du Code de Commerce a pour rubrique : *du Commerce en général* : c'est un peu vague, il faut l'avouer, et l'on a besoin de voir les titres pour connaître les matières qui ont occupé le législateur : l'intitulé ne présente point à la simple lecture des idées aussi nettes que celles des trois autres livres ; mais le législateur voulant donner une rubrique qui pût convenir aux huit titres dont le livre est composé, a adopté une énonciation dont la généralité embrasse au moins tout, si elle présente l'inconvénient de ne rien exclure. Ce livre est sans contredit le plus important pour le *commerce de terre*, comme on le désigne souvent pour le distinguer du livre 2, relatif au *commerce maritime*. Il se compose de huit titres : 1º des Commerçants; 2º des Livres de commerce ; 3º des Sociétés ; 4º des Séparations de biens ; 5º des Bourses et Agents intermédiaires ;

6°des Commissionnaires ; 7° des Achats et Ventes ;
8° de la Lettre de change.

Sur ces huit titres du livre premier, il en est six,
qui par leur laconisme ne peuvent guère offrir de
lumières au juge, ni aux justiciables, et sauf cinq
ou six maximes commerciales éparses dans ces
divers titres, la nécessité de recourir sans cesse
au droit civil pour suppléer à l'insuffisance des
textes, rend très médiocre l'utilité des dispositions qui s'y trouvent précisées. Mais il est deux
contrats qui depuis longtemps sont l'âme du commerce et de ses opérations, le contrat de société
et le contrat de change ; le législateur ancien et
moderne s'en est occupé avec une attention spéciale ; c'est à la manière habile avec laquelle
cette partie difficile de la législation commerciale
a été traitée dans l'ordonnance, qu'elle doit le
haut rang qu'elle tient parmi les institutions des
peuples marchands, et en adoptant et améliorant
quelquefois ces deux contrats, dans les titres 3 et 8
du livre premier, les rédacteurs du Code ont rendu
à la France et au commerce un important service.

DU CONTRAT DE SOCIÉTÉ.

Les limites si étroites de la puissance individuelle ont fait sentir nécessairement dès l'origine du monde l'avantage du contrat de société ; l'instinct sauvage suffit presque pour en découvrir l'utilité et les principes ; il est même vraisemblable que l'idée d'une organisation sociale plus compliquée, et d'une association générale ne s'est développée que par suite des heureux résultats qu'amenèrent les sociétés particulières plus ou moins nombreuses.

Le droit civil s'est depuis longtemps approprié le contrat de société, et a donné sa sanction aux règles simples et primitives que l'équité avait suggéré ; ces règles ont suffi jusqu'à l'époque où l'essor commercial, ouvrant de toutes parts des voies nouvelles et des combinaisons jusqu'alors inconnues, les maximes séculaires ont été insuffisantes pour gouverner des intérêts qui venaient de naître; et le droit commercial forcé de faire divorce avec le droit civil sur cette matière importante , a consacré pour les sociétés commerciales des règles qui s'éloignent diamétralement sur des points fondamentaux des préceptes du droit commun. La grandeur des capitaux, le besoin de rigoureuses garanties, le nombre des associés ont fait introduire dans les associations commerciales une foule de règles dont la simplicité primitive du contrat n'avait point fait sentir la nécessité. Néanmoins, comme il est des principes que rien ne peut abroger ou modifier, et qui vieux comme le monde, sont destinés à vivre autant que lui, le droit commercial a toujours fondé les bases générales du contrat de société sur les maximes d'équité naturelle, sanctionnées depuis des siècles par les jurisconsultes romains, et reproduites dans le liv. 3 , tit. 9 du Code Civil.

Il me parait plus curieux qu'utile de rechercher qu'elles ont été les règles du contrat de société chez les différents peuples de la terre : les notions d'équité naturelle qui en sont la source ont probablement établi sur ce point beaucoup plus d'uniformité qu'on ne peut en obtenir, quoiqu'on fasse , sur des matières de justice positive. Mais le titre du Code Civil, relatif aux sociétés n'étant guère qu'une traduction littérale des lois romaines, et le Code de Commerce, article 23 , renvoyant textuellement au Code Civil, il est impossible de passer sous silence le titre du Digeste *Pro Socio*, dans lequel on trouve précisées la plus grande partie des maximes qui nous gouvernent ; on les applique journellement devant les tribunaux de commerce, et quoiqu'il puisse arriver quelquefois que le justiciable, peut être même le juge ignore la source d'où découle la sagesse dont il est l'organe ; ce n'est pas une raison pour méconnaître les textes dont émane la loi elle-même : il y a sans doute du mérite à traduire et copier les jurisconsultes romains, comme l'ont fait les rédacteurs du Code Civil dans le titre des Sociétés : mais enfin, la véritable gloire sera toujours pour ceux qui ont les premiers formulé les principes.

Le titre justement célèbre du Digeste, dans lequel on a copié les règles consacrées par le Code Civil, titre 9, est celui qui se trouve au livre 17, titre 2, et qui a pour rubrique *Pro Socio :* ce titre renferme 84 fragments découpés dans les ouvrages des jurisconsultes romains les plus estimés : On y trouve 23 fragmens de Paul.—6 de Gaius.— 1 de Modestin. — 36 d'Ulpien. — 10 de Pomponius. — 1 de Callistrate. — 1 de Celsus. — 3. de Proculus. — 2 de Papinien. — 1 de Labeon.

Ainsi on voit par le nombre seul de fragmens que c'est principalement dans la doctriue d'Ulpien, de Paul, de Pomponius et de Gaius, qu'ont été puisées les règles que renferment les Pandectes sur ce contrat important.

Pothier, dans son Traité du contrat de société, a suivi pas à pas et développé avec son talent et sa lucidité ordinaires, les maximes établies dans le droit romain, et personne n'ignore que lorsque le Code Civil a été rédigé, l'ouvrage de ce grand jurisconsulte fut sur cette matière, comme sur tant d'autres, la source où l'on tira presque toutes les dispositions du titre des sociétés : ainsi la division des sociétés civiles en universelles, ou particulières est toute Romaine, et quoiqu'on ne conçoive pas trop bien dans la pratique la possibilité fréquente de pareilles associations dont les inconvéniens sont frappans et les avantages douteux ; il est certain qu'on ne peut s'empêcher de recourir, pour l'intelligence des textes modernes, aux textes anciens, dont ils ne sont le plus souvent qu'une paraphrase ou une traduction littérale.

Le système des sociétés civiles roulait dans un cercle beaucoup trop circonscrit pour satisfaire aux besoins du commerce ; aussi, et depuis fort longtemps l'usage avait introduit une société appelée *générale* ou *en nom collectif*, qui, par son utilité, ne tarda pas à prendre le premier rang parmi les contrats commerciaux : l'ordonnance de 1673 avait consacré dans le titre 3, les règles fondamentales de ces sociétés, et le législateur moderne les a copiées textuellement dans le Code de Commerce.

La solidarité, qui forme le caractère essentiel des sociétés en nom collectif, et qui pèse indistinctement sur tous les associés, éloignait beaucoup de capitalistes de ce genre de spéculation ; une combinaison regardée comme fort heureuse, tant qu'on n'en abusa pas, donna le moyen de limiter d'avance la perte que certains sociétaires peuvent éprouver : La commandite fut inventée, et l'ordonnance du commerce posa encore sur ce point des règles dont le Code s'est emparé.

Mais ces deux sociétés ne pouvaient suffire à l'acti-
vité commerciale, les formes exigées pour les constater
sont souvent gênantes, surtout pour des spéculations
dont l'exécution suit presque immédiatement la pensée, et dont la durée éphémère ne comporte ni lon-
gueurs, ni entraves : les foires, les marchés, les
ports de mer, rendez-vous ordinaire des marchands,
où se concluent journellement d'innombrables affaires,
donnèrent naissance à un nouveau genre d'association connu sous le nom de *Participation* et fort
en usage sous l'ordonnance de 1673, quoiqu'aucun
texte ne lui ait été consacré : les rédacteurs du Code
ont voulu en donner une définition dont l'imperfec-
tion a fait naître de grandes difficultés, ainsi que le
silence déplorable que l'on a gardé sur le point
de savoir quelles sont les obligations des associés
entr'eux, et à l'égard des personnes avec lesquelles
ils ont contracté.

Enfin, il est une quatrième société de commerce
qui par l'avantage de la responsabilité limitée qu'elle
offre à tous les associés sans exception, et surtout
par l'importance des capitaux qui s'y agglomèrent,
a pris depuis quelque temps la première place dans

le monde commercial : c'est la société anonyme ; peu connue sous Louis XIV, et passée sous silence dans son ordonnance, elle a fixé d'une manière spéciale l'attention du législateur moderne ; les rédacteurs du Code en ont réglé les principes avec un soin tout particulier, et c'est là, sans aucun doute, l'amélioration la plus importante qui ait été faite aux dispositions du titre 3, de l'ordonnance de 1673.

L'idée de soumettre à l'arbitrage forcé les différens entre associés n'est pas nouvelle : déjà en 1560, un édit du chancelier de l'Hospital avait ordonné que tous les procès entre marchands fussent jugés par des arbitres ; cette tentative ne fut pas heureuse ; il fallut y renoncer et créer la juridiction consulaire ; mais l'arbitrage forcé demeura toujours obligatoire pour les différens entre associés : l'ordonnance de 1673 consacre ce système, et les rédacteurs du Code l'ont renouvellé par les mêmes motifs et à peu près dans les mêmes termes. On s'est beaucoup plaint depuis quelques temps de l'arbitrage forcé, il a même été proposé de le supprimer. Rien n'est facile comme la suppression d'une institution : il est fort clair que le moyen est péremptoire pour faire disparaître les

inconvéniens qu'elle présente ; mais comme on ne
peut également supprimer les procès entre associés,
la difficulté est de savoir par qui on les fera juger ;
si c'est par les tribunaux de commerce , ils sont déjà
accablés d'affaires, et l'étant d'avantage on irait probablement moins vite que devant un tribunal arbitral
qui n'est constitué que pour une seule contestation ;
de plus, comme la complication ordinaire des différens
entre associés ne permettra point de juger à l'au-
dience , il faudra renvoyer devant des rapporteurs,
dont les émolumens égaleront probablement ce que
peut coûter la justice arbitrale : il me paraîtrait plus
simple de corriger les abus que de supprimer l'institution ; d'autant plus que les principaux inconvéniens
que l'on signale sont particuliers à la capitale , ainsi
que beaucoup d'autres, et tiennent à sa grandeur et
à la multiplicité des intérêts qui s'y réunissent et s'y
entre choquent ; du reste le projet présenté aux
Chambres n'a pas eu de suite, et je tiens de l'habile
rapporteur que les difficultés insurmontables que
présente la matière ont fait renoncer à toute innovation.

DU CONTRAT DE CHANGE.

L'ordonnance de 1673 a tracé dans le titre 5, du livre premier, les principes du contrat de change; c'est surtout l'habileté avec laquelle cette matière si difficile a été traitée qui fait la gloire de Savary , son principal rédacteur ; il est digne de remarque qu'après un siècle et demi d'expérience, on n'ait cru pouvoir mieux faire que d'en copier textuellement toutes les dispositions dans le titre 8, du Code de Commerce.

La lettre de change, ou pour parler plus correctement, le contrat de change est une découverte admirable, dont l'usage est devenu tellement simple et vulgaire que ceux qui s'en servent sont assez disposés à croire qu'au besoin ils auraient pu l'inventer. Il s'est pourtant écoulé une très longue suite de siècles avant que l'on ait su vaincre les graves obstacles dont la lettre de change triomphe en se jouant, et tous les peuples de l'antiquité grecs ou romains, malgré tout leur génie, n'avaient pu trouver cette combinaison commerciale si heureuse et si féconde, que les législateurs ont comparés à la découverte de la boussole et du Nouveau-Monde.

Le service immense que la lettre de change rend au commerce, ne peut être apprécié que par la connaissance des inconvéniens contre lesquels il fallait lutter avant son invention ; or quoiqu'il faille pour cette examen, remonter par la pensée au berceau des sociétés, il n'est pas difficile de rendre la chose sensible en peu de mots.

Le jurisconsulte romain Paul, a parfaitement expliqué dans une des plus belles lois des Pandectes, Liv. 18. Tit. 1. L. 1, l'origine contemporaine du contrat de vente, et de l'invention des monnaies ; l'échange, la plus simple de toutes les opérations, fut évidemment le premier moyen auquel eurent recours les hommes réunis en société pour se procurer les objets dont ils avaient besoin : mais ce contrat primitif présentait des inconveniens palpables : il fallait que les copermutans fussent munis d'objets qui convinssent exactement à chacun d'eux en quantité et qualité ou bien que par une série d'échanges, l'un des copermutans se procurât l'objet qui pouvait convenir à celui avec lequel il voulait traiter. Cet ordre de choses qui nous parait si étrange à pourtant duré pendant fort longtemps ; car, quoique l'époque de l'invention des monnaies soit incertaine, on est assez d'accord, d'après Hérodote, à l'attribuer aux Lydiens, cinq ou six siècles environ avant l'ère chrétienne, et le jurisconsulte Paul se fonde habilement sur des passages d'Homère, qui semblent prouver quedu temps de la guerre de Troie, le commerce ne s'effectuait qu'au moyen du contrat d'échange.

L'invention des monnaies métalliques fut certainement pour le commerce un évènement comparable à la découverte de la boussole et de l'Amérique. On ne s'explique point, ou du moins je ne m'explique pas si ce n'est par le sentiment de l'utilité, comment les hommes purent s'accorder, pour voir dans des morceaux de métal, l'équivalant de toutes les choses les plus précieuses et les plus nécessaires : mais le fait est certain ; d'un pôle à l'autre, c'est une convention universelle quoique phénoménale, et quelques peuplades barbares qui ne sont pas encore montées à la hauteur de cette conception ne méritent pas qu'on en fasse mention.

L'invention des monnaies donna naissance au contrat de vente, l'échange ne devint plus qu'un contrat secondaire. La nécessité de transporter les objets d'échange fut considérablement diminuée : l'acheteur n'eut plus qu'à se munir des monnaies en usage ; pour le vendeur le déplacement de la marchandise a toujours été inévitable , il faut que la marchandise aille sur le marché trouver l'acheteur , l'obstacle est demeuré, et sera toujours invincible à cet égard.

Les monnaies étant reçues comme l'équivalant de toutes les choses vénales, on fit choix pour leur fabrication d'objets précieux par leur valeur intrinsèque, et cette idée était profonde ; car quoique le progrès des lumières ait appris que c'est la convention qui fait tout, et la matière rien , un morceau de papier fonctionnant tout aussi bien et même mieux qu'un morceau d'or ou d'argent , il fallait habituer les esprits à cette grande innovation, et les métaux précieux furent habilement préférés pour la confection des monnaies.

Mais le choix des métaux pour les monnaies, présenta des inconvéniens qui résultaient précisément des qualités qui leur avaient fait accorder la préférence : la pesanteur étant un accessoire nécessaire de leur solidité, il arriva que lorsque les sommes étaient considérables, le poids des monnaies devint énorme, et l'obstacle très grave, quand il fallut les envoyer dans des lieux fort éloignés.

Les peuples anciens malgré la profonde sagacité que révèle l'invention des monnaies, ne surent pas trouver le moyen de vaincre l'inconvénient inhérent à leur magnifique découverte. La gloire en était réservée aux peuples modernes ; car malgré les dissertations savantes qui ont eu lieu sur ce point important, et sans parler des Egyptiens, des Tyriens, des Phéniciens, etc., comme l'a fait Heineccius, je crois ainsi que le démontre Pothier, nonobstant les lettres de Ciceron à Atticus, que les Romains n'ont jamais connu le contrat de change ; effectivement s'ils l'avaient connu, on n'aurait pas eu besoin d'envoyer chercher à dos d'esclaves, les sommes d'argent à recouvrer dans les diverses parties de l'empire ; et si la lettre 14e de Ciceron prouve que ce grand orateur a senti le besoin du contrat de change et en a eu la pensée, il y a loin de là à l'existence d'un contrat assujetti à des règles légales : comment nier d'ailleurs que l'idée si simple de remédier

par un échange d'argent, à l'inconvénient du trans-
port matériel ait pu se présenter à l'esprit d'hommes
beaucoup moins pénétrans que Cicéron : on ne
peut conclure de ce fait individuel que le contrat
ait été connu et usité dans l'empire romain.

Le contrat de change n'a pas été en usage chez les
peuples anciens : mais à quelle époque a-t-il été
introduit chez les peuples modernes ? C'est là un
problême que la divergence des opinions et le défaut
de renseignemens précis rend à peu près insoluble.
Savary a été un des premiers auteurs graves, qui
ait attribué aux juifs l'honneur d'avoir découvert la
lettre de change. Ce système malgré l'incertitude
qu'il laisse sur l'époque précise de l'invention, a
été adopté par les écrivains les plus éminents,
Montesquieu notamment, et quoique ce ne soit
qu'une conjecture, l'esprit mercantile de la nation
juive, et sa position particulière aux 12e et 13e
siècles, lui donnent beaucoup de vraisemblance :
ce qui est certain c'est qu'il existe, comme nous
l'apprend Heineccius, un senatus-consulte de Venise
du 14e siècle, qui s'occupe du contrat de change ;
et pour ce qui concerne la France, nous avons ur

édit de Louis XI, de 1462, qui parle dans l'article 8, *des lettres faites ailleurs pour rendre argent aux foires de Lyon :* ce qui est le véritable caractère du contrat de change et constate qu'à cette époque il était assez usité en France pour avoir fixé l'attention du législateur.

Les contestations qui pouvaient survenir à l'occasion des lettres de change, furent pendant long-temps décidées par les usages du commerce ; on s'informait soigneusement de la jurisprudence établie chez les nations commerçantes les plus éclairées : on avait recours à des parères ou consultations délibérées par les hommes les plus versés dans cette matière épineuse : la ville de Lyon avait à cet égard des réglemens justement célèbres qui jouissaient d'une grande autorité ; l'ancienneté de ces réglemens fait même penser, avec raison, que c'est dans cette ville que l'usage du contrat de change a commencé dans notre patrie : enfin jusqu'à Louis XIV, nous n'eûmes pas sur cette matière de législation spéciale, lorsque parut l'ordonnance de 1673, qui codifiant toutes les maximes généralement suivies, rendit à la France et à l'Europe entière qui l'adopta, un service qui honorera toujours la mémoire de Colbert et de Savary.

Les titres 4 et 5 relatifs aux sociétés et au contrat de change sont les plus importans de l'ordonnance et de notre droit commercial, les autres sont beaucoup trop laconiques pour que l'on y trouve de grandes lumières ; il est regrettable que l'on ait imité cette concision quand on a fait passer ces titres dans le Code de commerce.

L'ordonnance renfermait plusieurs articles concernant les maîtrises et les jurandes qu'on ne retrouve pas dans le Code ; la raison en est fort simple : tout le monde sait que l'Assemblée constituante par le décret mémorable, du 17 mars 1791, supprima les corporations marchandes et consacra le principe de la liberté générale du commerce : introduites dans les Gaules par les Romains, qui en devaient l'établissement à Numa Pompilius, les corporations ouvrières et marchandes avaient souvent fixé l'attention des législateurs français, et leur suppression, vainement tentée par Turgot et une monarchie expirante, avait révélé leur puissance sinon leur utilité : il ne fallait rien moins que l'omnipotence de l'Assemblée constituante pour abattre avec trois lignes, des institutions enracinées dans le sol par une si longue suite de siècles; mais on peut prédire que le coup a été mortel, quoiqu'elles présentâssent certains avantages, quand on réfléchit aux obstacles insurmontables que l'état actuel des relations commerciales opposerait à leur organisation.

Les dispositions de l'ordonnance relatives à la contrainte par corps n'ont pas été reproduites dans le Code, parce que la loi de germinal an VI, réglait cette voie d'exécution, rigoureuse, mais malheureusement nécessaire. La loi du 17 avril 1832, rend à peu près inutiles toutes les anciennes règles concernant la contrainte par corps ; parce qu'en cette matière on ne peut raisonner par analogie, le juge devant s'emprisonner lui-même dans la lettre de la loi, et décider toujours en faveur de la liberté, dans le silence ou l'obscurité des textes.

Le titre 10 de l'ordonnance concernant la cession de biens, avait été copiée dans le titre 2 livre III du Code de commerce ; mais la loi nouvelle sur les faillites ayant supprimé la cession de biens en matière commerciale, le titre 2 devenait sans objet : quoiqu'on puisse observer que la déclaration d'excusabilité qui doit doit être prononcée par le tribunal de commerce, ne soit guère par ses effets et par sa forme qu'une cession de biens déguisée ; il faut convenir que toute l'ancienne procédure pour parvenir à la cession de biens ne signifiait pas grand chose, et l'on a bien fait de la supprimer.

Le grande et remarquable innovation, est la création d'un nouveau système sur les faillites ; c'est l'objet d'un livre entier de notre Code, puisque la loi de mai 1838, remplace désormais le livre III, de l'ancien Code de commerce : ce n'est pas certes après deux ans d'existence qu'on peut juger de la valeur pratique d'une loi quelconque, et encore moins d'une loi aussi compliquée que celle qui règle es faillites et banqueroutes : cependant comme notre ancienne législation sur cette matière avait été rédigée avec beaucoup de soin, par des hommes fort habiles et renfermait d'excellentes dispositions, que l'on a conservées, en y introduisant quelques améliorations ; on peut croire que cette loi est destinée à un avenir plus long que ne l'a été celui du système qu'elle a remplacé.

Les faillites mettent en présence et en lutte tant d'intérêts divers si diamétralement opposés, qu'il est impossible à la sagesse humaine de les satisfaire, et de parvenir à une conciliation parfaite ; il faut nécessairement que les créanciers se résignent à des retards et à des sacrifices ; la loi fait beaucoup lorsque par des mesures de précaution, elle conserve autant que cela lui est possible les débris de la fortune du débiteur, en attendant un partage équitable : on comprend aisément que la nécessité de subir des réductions considérables, rend les créanciers impatiens des lenteurs et des frais de la procédure : mais la vitesse et le bon marché ne sont que des accessoires secondaires quand il s'agit de justice : on ne peut accueillir les prétentions avant d'avoir jugé les droits, et dès lors il faut nécessairement se soumettre, comme tous les citoyens, aux formes ordinaires du droit commun ; on n'a pas osé attribuer à l'administration des faillites le jugement des contestations qui s'y rattachent, moyen hardi, d'organisation difficile, j'en conviens, mais qui en évitant le recours aux tribunaux, simplifierait tout ; les affaires de la faillite, ne se mêlant plus à la masse de celles qui attendent aussi pour une solution les décisions judiciaires. La loi nouvelle a remplacé les agens par des syndics provisoires qui sont nommés directement par le tribunal de commerce, ce qui évite les lenteurs qui résultaient du droit de présentation et de la confection des listes: la division de l'actif du failli en deux masses, dont l'une est consacrée aux créanciers domiciliés en France, et l'autre aux créanciers domiciliés en pays étranger, est une innovation plus profonde, qui complique à la vérité la liquidation de la faillite, mais qui donne le moyen de répartir des dividendes aux créanciers domiciliés en France, sans attendre comme autrefois l'expiration de délais souvent fort longs ; les dispositions relatives au concordat ont éprouvé de nombreuses modifications ; on a surtout applani des difficultés graves qui s'étaient présentées, et comblé des lacunes sans altérer les anciens principes : la cession des biens est remplacée par la déclaration d'excusabilité prononcée par le tribunal de commerce : enfin on a mitigé la sévérité outrée du code de Commerce relativement aux droits des femmes mariées dans le cas de faillite.

Le titre 12 de l'ordonnance est consacré à la juridiction consulaire : la loi ancienne à servi de type
à la loi nouvelle, les rédacteurs du Code de Commerce ont copié les textes dont une longue expérience garantissait la sagesse : il est toutefois à
regretter qu'ils se soient rigoureusement bornés à
reproduire exactement le même nombre d'articles
et à peu près dans les mêmes termes, car depuis
longtemps les progrès du commerce et les contestations dont il est la source ont rendu la loi insuf-
fisante en ce qui concerne la compétence commerciale.

Avant l'édit mémorable de 1563, la France ne
possédait pas de juridiction spéciale pour le commerce : il existait, à la vérité, dans quelques villes,
Lyon et Toulouse par exemple, des tribunaux qui
présentaient le germe de cette belle institution ; mais
il faut reconnaître que ce fut le chancelier de l'Hospital, qui eut la gloire de la tirer du néant et de la
doter d'une organisation dont la sagesse l'a perpé-
tuée à travers trois siècles, sans qu'il ait été nécessaire d'y apporter la moindre modification.

La juridiction commerciale a toujours été élective;

temporaire et gratuite, tel est l'esprit de l'institution:
il fait honneur à l'illustra chancelier qui devina qu'il
se trouverait toujours dans le corps des négocians
français, assez de patriotisme et de désintéressement
pour sacrifier au bien public un temps précieux pour
leur affaires personnelles ; en effet , malgré l'énorme
fardeau que le développement du commerce fait pe-
ser sur cette belle institution, rien n'indique qu'elle
plie sous le faix, et l'augmentation toute récente de
sa compétence en dernier ressort, démontre au con-
traire qu'elle grandit avec le commerce , et que le
législateur l'environne toujours de sa haute confiance.

Après avoir parlé de l'ordonnance de 1673 et
signalé l'utilité dont elle sera toujours daus notre jurisprudence marchande , par l'adoption dans notre
Code de tous les principes qu'elle renferme ; je dirai
quelques mots sur les auteurs qui en ont commenté
les dispositions : il est évident que l'identité des
textes anciens et modernes conserve à leur doctrine
toute son autorité.

Pothier est un jurisconsulte tellement supérieur en
toute matière que , quoiqu'il ne se soit occupé qu'en
passant du droit commercial, il a fait sur cette partie

des traités qui sont des chefs d'œuvre, que l'on n'a pas certes surpassé, peut-être même approché sous le rapport de cette clarté, qui rend l'étude de ses ouvrages si facile, et porte à croire, quand on n'a pas essayé, que rien n'est si aisé que cette manière de traiter la jurisprudence. Pothier a écrit des Traités sur les contrats de société, de change, à la grosse et d'assurance ; les divisions en sont méthodiques, le style simple et clair ; l'érudition n'y surabonde pas comme dans quelques auteurs qui à force de citations, ont rendu leurs ouvrages illisibles, pour les personnes qui pèsent les raisons plus qu'elles ne comptent les autorités : l'évidence ordinaire des principes dont il tire ses déductions les met en général à la portée de tous les lecteurs ; et quoique tous ses traités aient principalement servi à nos législateurs pour la confection des codes, on y trouve toutes les qualités des livres élémentaires, et on ne peut que dire aux étudiants : *Nocturná versate manu versate diurná.*

Il est après Pothier des jurisconsultes qui ont eu le courage, et il en fallait, de traiter les matières dont s'était occupé ce grand homme. Jousse, son

collègue et son contemporain a écrit sur l'ordonnance de 1673, un commentaire apprécié depuis
trop long-temps pour qu'il soit nécessaire aujourd'hui
d'en signaler le mérite : ce jurisconsulte n'a pas adopté
la forme du traité, plus dogmatique sans doute,
mais moins commode pour la pratique que le commentaire, par la difficulté de distinguer d'un coup
d'œil, le texte légal de la doctrine qui l'approfondit
et l'explique. Bornier et Bontaric, dans leur recueil
des ordonnances de Louis XIV, ont donné quelques
notes sur l'ordonnance du commerce ; mais quand on
les isole des nombreux arrêts, édits ou documens de
toute espèce dont elles sont accompagnés, l'œuvre
de l'auteur se réduit à bien peu de chose, et je
crains que l'on ne puisse en retirer que peu de fruit.

La jurisprudence commerciale a toujours été fort
négligée en France, c'est un point sur lequel tout le
monde est d'accord, et la pénurie des ressources
quand on veut l'étudier, suffirait au besoin pour en
convaincre. Rogues, agréé pendant trente ans
au consulat d'Angers en 1773, fit imprimer le
fruit de ses longs travaux, sous le nom de *Jurisprudence consulaire* : c'est un livre excellent

pour la pratique, ainsi que les ouvrages de Nico-
dème et de Toubeau, quoiqu'un grand nombre de
questions qui y sont traitées aient perdu de leur
intérêt par les modifications que le temps, les lois
et les usages ont apporté dans la jurisprudence
éommerciale.

Savary, rédacteur de l'Ordonnance de 1673, et
auteur du Parfait Négociant et des parères, con-
conserve à ce double titre une autorité qui augmente
de jour en jour, à mesure que l'étude du droit
commercial se répand en France : il est sans doute
plusieurs parties de son ouvrage qui descendent à
des détails mercantiles trop minutieux, peu dignes
d'une tête aussi forte que celle de Savary, orga-
nisée pour donner des lois à une nation, et non point
des préceptes à des commis de boutique : mais
quoique l'on puisse penser du Parfait Négociant,
il sera toujours vrai que le volume des parères
offre un trésor pour le jurisconsulte appelé à donner son avis sur des matières qui ont attiré l'attention de Savary.

La lettre de change avait depuis longtemps occupé
les commerçans instruits ; l'un d'eux, Dupuis de La

Serra, entreprit d'en soumettre les maximes à une
théorie scientifique : il le fit avec un bonheur qui a
rendu son livre populaire dans l'Europe entière ;
il est peu de langues dans lesquelles il n'ait été
traduit ; quoiqu'on ait critiqué, peut être avec raison, un emploi trop fréquent de citations, sa doctrine résumée à la fin de chaque chapitre en maximes clairement précisées, en rend l'usage facile
dans la pratique : Pothier dans son Traité du contrat de change, ne dissimule pas avoir souvent
profité de l'ouvrage de Lassera ; il ne parle de ses
opinions qu'avec les plus grands égards ; s'en rap-
porter toujours à lui pour ce qui concerne la pratique du contrat de change, souvent même il lui
arrive de ne motiver ses décisions que par ces mots :
tel est l'avis de Lassera. Je souhaite à ceux qui écri-
ront sur le droit commercial un suffrage qui vaille
celui de Pothier.

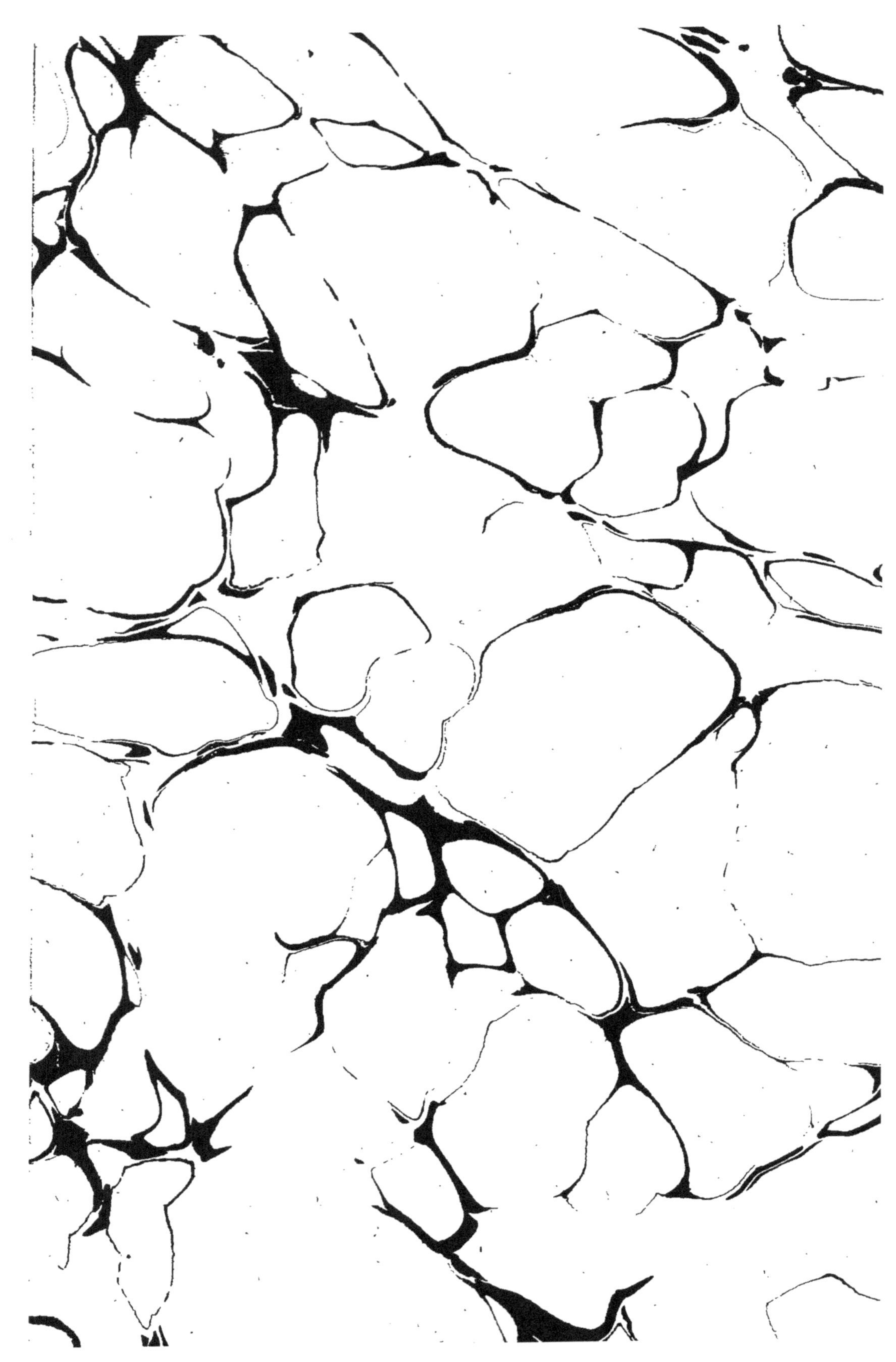

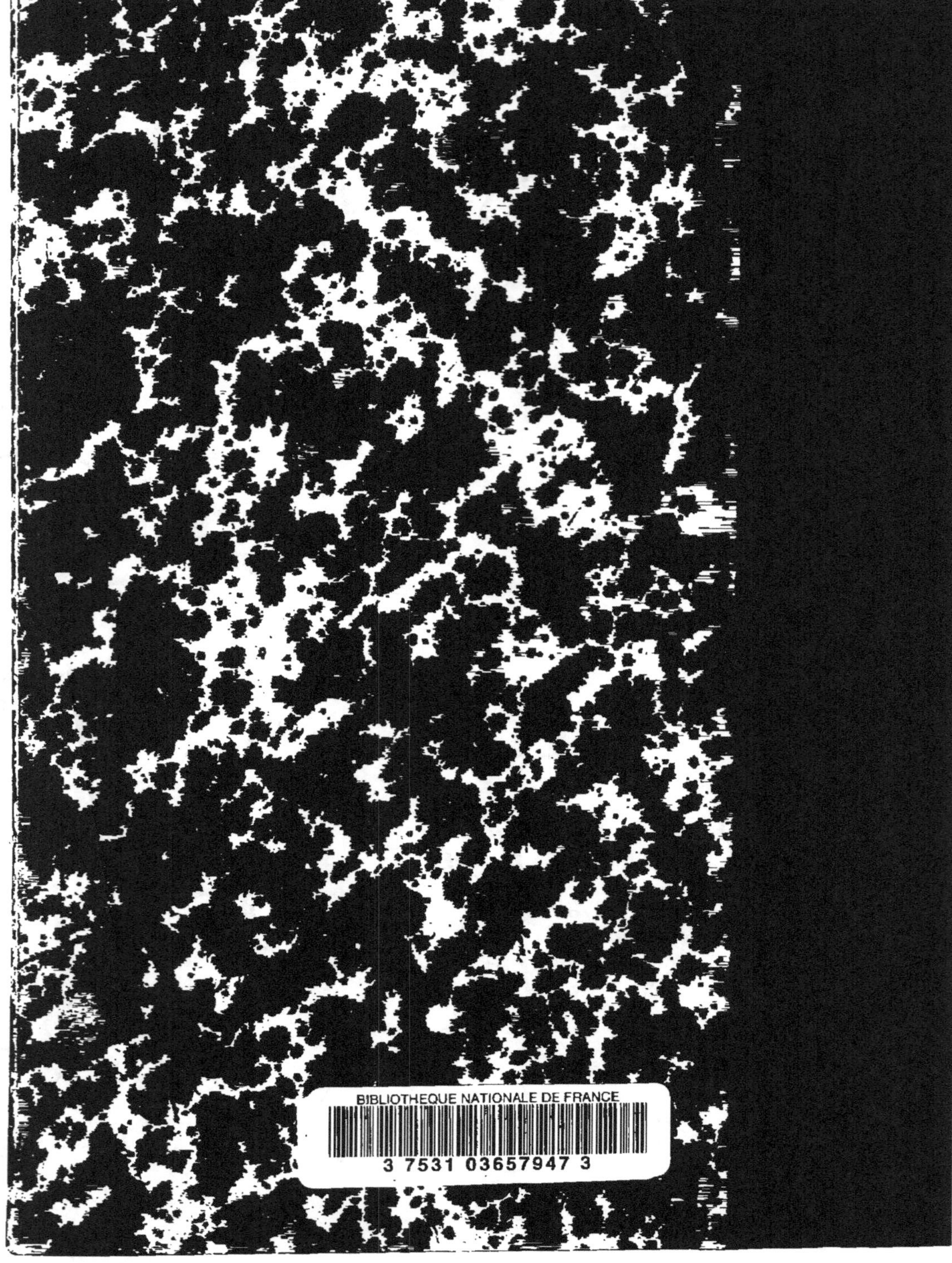